PUBLICATION
DE LA
SOCIÉTÉ DES BIBLIOPHILES DE TOURAINE

FUNÉRAILLES
DU
ROY HENRY II

TIRÉ A 140 EXEMPLAIRES:

Exemplaire n° 51

FUNÉRAILLES

DU

ROY HENRY II

*Roole des parties et somme de deniers pour le faict
desdits obsèques et pompes funèbres*

PUBLIÉ

AVEC UNE INTRODUCTION

PAR

M. LE Cte L. DE GALEMBERT

PARIS
CHEZ AUG. FONTAINE, LIBRAIRE
PASSAGE DES PANORAMAS, 35

M DCCC LXIX

AVANT-PROPOS

Ce travail avait été entrepris pour paraître parmi les publications des Bibliophiles de Touraine, éditées par MM. Alfred Mame et Fils. Le cours de ces publications ayant été brusquement interrompu, j'avais pensé qu'il pourrait trouver place dans les Annales de la Société archéologique de Touraine. Dans cette intention je donnai lecture de l'Introduction à la séance du 1er mai 1867. Mais ayant appris que, par suite du nombre de mémoires antérieurs, l'impression de mon manuscrit ne pouvait avoir lieu qu'à une époque très-éloignée, je me suis décidé à l'imprimer à mes frais. Comme cet opuscule n'est qu'une suite, et, pour ainsi dire, un prolongement des publications des Bibliophiles, qu'il a la même origine et le même but, j'ai adopté pour le format, le papier et les caractères, les mêmes types, ou du moins ceux qui s'en rapprochent le plus.

J'ai voulu par là établir une analogie pour la forme, qui pût compenser ce qu'il peut y avoir d'inférieur au fond, comparé aux doctes publications de mes devanciers, et donner à mon modeste travail le patronage apparent de l'éminent éditeur des Bibliophiles. Je l'ai fait tirer à cent quarante exemplaires seulement, pensant que ce nombre suffirait à la quantité nécessairement restreinte des lecteurs de ces sortes d'ouvrages.

Cte L. DE GALEMBERT.

INTRODUCTION

Lorsque, au commencement de notre siècle, le goût des études sérieuses reprit faveur, les hommes qui s'y livraient n'eurent rien de mieux à faire que de rentrer dans la voie ouverte par les Bénédictins avant la révolution de 1789, et de reconstituer par de nouvelles recherches l'ensemble des documents amassés par leurs devanciers. Ainsi fit Alexis Monteil, qui passa de longues années à réunir les matériaux de son Histoire des Français. La collection qu'il avait formée fut de nouveau dispersée à sa mort, et des nombreuses pièces qui la composaient quelques-unes passèrent la Manche, et sont aujourd'hui entre les mains de sir Philipps, riche amateur Anglais. Notre compatriote André Salmon, qui pendant le cours de sa trop courte vie a travaillé constamment à réunir les documents relatifs à l'histoire de notre province, a légué à la ville de Tours le fruit de ses investigations. De ce nombre est la pièce qui fait l'objet de cette publication. Copiée tout entière de la main d'André Salmon, sur le manuscrit original de sir Philipps, elle se trouve dans le carton n° xv, fonds Salmon, de la bibliothèque de la ville de Tours.

Bien que citée par M. le comte de Laborde dans son savant travail : *La Renaissance des arts à la cour de France,* cette pièce est inédite.

J'ai pensé qu'elle offrirait quelque intérêt aux érudits, et cela par deux motifs. Le premier est tiré de l'utilité de ce genre de documents pour l'histoire en général. Ces sortes de renseignements, en effet, ne sont pas seulement curieux par l'exposé fidèle de certains faits extraordinaires relatifs à la personne des souverains, ils offrent encore pour une foule de questions des données précises, qu'on chercherait en vain dans les mémoires du temps et dans les écrits des personnages qui ont joué un rôle marquant dans la société.

Ainsi on trouvera dans le *Roole* ci-après des détails nombreux sur les différents corps d'état, sur le prix des étoffes et tissus de diverses matières, sur les éléments dont se composait alors l'armée permanente, gardes Suisses, Écossaises et Françaises, avec les noms des chefs qui commandaient les compagnies désignées pour servir d'escorte aux funérailles de Henri II; on y verra l'état complet de la maison du roi, depuis le grand écuyer jusqu'au dernier palefrenier.

On y remarquera la mention touchante de ce vieux serviteur, *Estienne Bezard, pouvre homme, ancien ayde, aveugle et estropiat,* qui suit le convoi de son maître revêtu de l'habit de deuil qu'il a reçu comme les autres pour la cérémonie; et cet autre article, symptôme du luxe des cours à cette époque, qui parmi l'énumération des *petits laquais* désigne trois Mores et un Espagnol.

Enfin, il est intéressant de connaître ce qu'a coûté l'ensemble de cette cérémonie funèbre, dans laquelle, outre les frais du char triomphal, de l'effigie du prince portée en litière, du cheval de bataille et des insignes du défunt, plus de neuf cents personnes ont été habillées de pied en cap pour former le cortége. La somme totale ordonnancée par le contrôleur d'écurie Sanson de Saccarlarre se monte à 43,163 livres 19 sols tournois, qui, calculés à raison de 54 francs 40 centimes la valeur du marc d'argent, produiraient 122,680 francs de notre monnaie.

Mais, outre le motif tiré de l'intérêt historique, général, le document que nous publions en présente un autre non moins réel au point de vue de notre province en particulier. Les trois premières pages du *Roole des parties et sommes de deniers* sont consacrées à relater le paiement fait à *François Clouet dit Jeannet, painctre* et *vallet de chambre du roi,* d'une somme de *deux cens quatre vingts huict livres treize sols tournois,* pour avoir fabriqué l'effigie du monarque, effigie qui joue un rôle important dans la cérémonie funèbre. Or la famille des Clouet appartient à la Touraine, où François, le plus illustre, est probablement né et a longtemps vécu.

A ceux qui trouveraient exagérée l'importance que j'attribue ici à un simple compte de dépenses, où il n'est parlé de notre peintre que pour dire qu'il a moulé d'abord en terre et puis jeté en plâtre la figure et les mains du roi Henri II, je répondrais qu'en l'absence de tout document historique les actes du genre de celui que nous publions ont une valeur incontestable. C'est avec des dates péniblement recherchées, et quelques dires échappés aux écrivains du temps, que M. le comte de Laborde, dans le livre remarquable cité plus haut, a pu reconstituer trois générations de peintres du nom de Clouet, confondues en une seule jusqu'à ces derniers temps.

Depuis la publication du livre de M. de Laborde, plusieurs savants ont ajouté quelques faits importants à ceux que nous devons aux recherches de leur devancier. MM. Leroux de Lincy et de Fréville, et notre laborieux compatriote André Salmon, ont publié dans divers recueils, et notamment dans le VIIe volume des Archives de l'Art Français, plusieurs pièces analogues à celle que nous donnons plus loin *in extenso*. Je pense qu'un résumé de tous les documents édités jusqu'à ce moment, sera lu ici avec fruit, et servira convenablement d'introduction à ce travail.

Une quittance donnée à Bruxelles a révélé à M. le comte de Laborde l'existence en Belgique d'un Jean Clouet en 1475. C'est la plus ancienne date où apparaisse le nom de Clouet. D'un autre côté, un acte communiqué par M. de Fréville à l'éditeur des Archives de l'Art Français, prouve que Jehannet Clouet, le premier de ce nom, qui vint en France occuper la charge de peintre et valet de chambre du roi François Ier, était né en pays étranger. Rien ne s'oppose donc à l'hypothèse admise par M. de Laborde, qui fait cette famille originaire de Flandre, et la rattache, au point de vue de l'art, à cette école illustrée par les Van Eick ; ce que confirme pleinement, du reste, l'examen des œuvres les plus authentiques de nos peintres. On ne connaît pas l'époque exacte de l'arrivée en France de Jehannet Clouet.

Une quittance de ses gages comme peintre du roi permet seulement d'affirmer que ce fut antérieurement à l'année 1518.

Deux actes que nous devons aux patientes recherches de notre savant compatriote André Salmon, l'un du 6 juin 1522, l'autre du 9 septembre 1523, passés tous deux devant un notaire de Tours, montrent Jehannet Clouet toujours en possession de sa charge de peintre du roi, et habitant à Tours avec sa femme, Jehanne Boucault, fille de Gacien Boucault, orfévre de cette ville. L'importance de ces actes, au point de vue surtout du lien qui rattache à la Touraine la famille des Clouet, n'échappera à personne. Ils donnent presque une certitude à la supposition généralement admise, que François Clouet est né à Tours, et y reçut de son père les enseignements qui devaient lui permettre de parcourir avec plus d'éclat la même carrière, et d'être continué par François Ier dans la charge de *painctre* et *vallet de chambre du roi*.

Une lettre patente de François Ier, publiée par M. de Fréville dans les Archives de l'Art Français, fixe à une époque peu antérieure au mois de novembre 1541, la mort de Jehannet Clouet, et le moment où François succéda à son père.

La mort de François Ier, arrivée en 1547, ne changea pas la position officielle de François Clouet. Il fut peintre et valet de chambre du roi Henri II, comme il l'avait été de son prédécesseur. M. le comte de Laborde cite différents ouvrages qu'il fit pour le fils de François Ier. Un portrait en pied, en 1553; en 1557, *des devizes et croissants lacés*, entre beaucoup d'autres œuvres dont on ne peut préciser la date.

Enfin, nous le voyons, en 1559, chargé de ce qui concernait sa profession dans les funérailles de son maître. Nous savons encore, d'après une pièce citée par M. de Laborde, que François Clouet fut continué dans sa charge par le successeur de Henri II ; et puis nous n'avons plus rien que des conjectures sur les années postérieures à 1560. M. de Laborde le fait mourir en 1572, mais sans apporter de preuves positives à l'appui de son opinion.

Tels sont les principaux faits avérés de la vie des deux Clouet, que l'on peut regarder comme les derniers représentants de l'École française avant l'invasion définitive de la manière italienne. Dans la seconde moitié du XVIe siècle, les traditions de l'art national sont complétement abandonnées, et, il faut le dire hautement, elles sont loin d'être avantageusement remplacées par le goût nouveau qui s'impatronise dans notre pays. Pour le prouver il suffirait de comparer les beaux portraits authentiques des Clouet avec ceux que nous ont laissés les peintres des règnes de Charles IX et de Henri III. Mais une telle étude nous entraînerait trop loin. Cette question a d'ailleurs été traitée par M. de Laborde avec l'autorité d'un goût pur et des connaissances étendues.

Je pourrais donc terminer ici la tâche que j'ai entreprise, et laisser à mes lecteurs le soin de tirer, suivant la nature de leurs études particulières, les conséquences du compte détaillé que je livre ici à l'impression.

Toutefois j'ai pensé, témérairement peut-être, que je devais donner l'exemple de ce travail d'induction, en exposant ici, au point de vue de ma spécialité, ce qu'il me paraît le plus utile de faire ressortir pour se former une idée juste des différences notables qui existent, entre la manière d'être des peintres antérieurs au xviie siècle et celle des artistes d'aujourd'hui, et, par suite, les résultats qu'entraînent des conditions pratiques radicalement opposées.

Que voyons-nous, en effet, dans le mémoire fort détaillé des travaux du premier peintre d'un roi de France au xvie siècle? une suite d'opérations que dédaignerait le dernier élève de notre école des Beaux-Arts : *mouler* en terre la face et les mains du défunt; les *jeter* en plâtre; *étoffer* l'effigie dans une caisse peinte en noir; *dorer* le sceptre royal et la main de justice; *accoutrer* l'effigie au lit de parade; *étoffer et dorer* un écu aux armoiries de France; *peindre en noir* des lances, le corps du chariot, les roues et cordages d'icelui, etc.

De nos jours, en pareille occasion, les choses se passeraient bien différemment. L'ordonnateur d'une cérémonie funèbre n'irait pas chercher un peintre de portraits pour monter une effigie, badigeonner en noir un chariot et dorer des insignes. Il s'adresserait dans ce cas non plus à un artiste, non pas surtout au premier peintre de portraits de l'époque, mais à trois simples artisans dans trois spécialités différentes. Toutefois, cette nécessité lui serait-elle imposée seulement par le dédain présumé du peintre en renom auquel il serait tenté de s'adresser pour une pareille besogne? Il y aurait, il faut le reconnaître, sous le mépris de ce dernier, quelque chose de plus positif que le sentiment de la dignité blessée; il y aurait *impuissance à diriger sciemment* la triple opération demandée. Lequel de nos peintres d'histoire sait mouler, dorer, et même étendre une teinte plate parfaitement égale sur n'importe quel subjectif, bois, pierre, plâtre ou mortier? Installé confortablement dans son atelier solitaire, le peintre de nos jours paie en grand seigneur les nombreux services qu'il est dans la nécessité de demander au *fabricant* qui lui fournit sa toile toute préparée ; à l'*industriel* qui lui apporte ses couleurs broyées; au *doreur* qui encadre son œuvre dans le bois blanc sculpté en carton-pierre ; au *perspecteur* qui tire ses lignes architecturales; au *paysagiste* qui orne ses fonds de ciels purs, d'eaux limpides et de végétaux à la demande; au *modèle*, profession nouvelle, inconnue de nos pauvres aïeux, et qui avec le *mannequin articulé*, complète la paire de béquilles sans laquelle nos grands hommes ne pourraient faire un pas.

Remarquons que tous ces auxiliaires n'ont d'autre relation avec l'artiste que le rapport résultant de l'échange de leurs marchandises contre le montant de leurs gros mémoires.

Ainsi, complétement isolé dans son sanctuaire, libre de toute préoccupation servile, l'artiste ne relève plus que de ses qualités personnelles; et s'il a des ailes, il peut les déployer à l'aise et s'élever aux plus sublimes conceptions, ou, ce qui malheureusement est le cas le plus fréquent, s'abandonner à tous les caprices de sa fantaisie individuelle.

Telle est, au vrai, la position du peintre de nos jours, bien différente de celle de ses devanciers, et notamment de celui qui nous occupe, maître François Clouet, *painctre* et *vallet de chambre du roi de France*.

Mais cette indépendance si vivement convoitée par l'homme, est-elle favorable au développement du talent de l'artiste et au progrès général? On nous permettra d'en douter. Pour en juger sainement nous jetterons un coup d'œil rapide sur l'organisation matérielle de nos peintres du moyen âge.

Il résulte non-seulement du document ci-après relaté, mais de tous ceux plus anciens qui traitent de ces matières, la certitude que l'atelier d'un artiste du XIIe au XVIe siècle avait une grande analogie avec l'établissement de ce qu'on appelle aujourd'hui un peintre en bâtiment. Loin de s'isoler et de s'envelopper de mystère, comme un Dieu dans sa *cella,* le maître vivait alors au milieu d'un grand nombre d'aides, ouvriers et apprentis, qui *besognaient* sous sa direction, et opéraient à la demande de chacun dans toutes les branches de cet art [1]. De là cette

[1] Dans le Livre des métiers d'Étienne Boileau, qui date du milieu du XIII° siècle, on remarquera, au titre LXII, page 157 de la collection des Monuments inédits, que les *paintres-imagiers* étaient autorisés à prendre autant de *vallets* et *apprentis* que bon leur semblait, et cela contrairement à ce qui se passait pour les autres métiers, où le nombre des apprentis était borné à deux au plus.

Je trouve encore dans le III° volume des Archives de l'Art Français de précieux renseignements qui viennent à l'appui de ma proposition.

Ainsi, il est dit dans la première de ces pièces (page 335), à propos de certaines irrégularités pour la justification de dépenses faites par le peintre Jehan Coste, qui, par ordre du roi Jean, décorait le château de Vandrenel en Normandie, que le susdit Jehan Coste est excusable par la raison qu'il n'avait pas de comptable, comme il conviendrait : *Nec habuerit clericum aut habeat, quod tamen fuisset conveniens.* Or la nécessité d'un comptable suppose une gestion de fonds considérable, et conséquemment la direction d'un grand nombre d'auxiliaires.

C'est, du reste, ce que confirme expressément la der-

conséquence naturelle que pour former et diriger un nombreux personnel d'auxiliaires, il devait connaître lui-même tous les procédés en usage, depuis la préparation des couleurs et la manière de coucher convenablement une teinte plate, jusqu'aux tracés les plus compliqués, faits au pinceau et à main levée.

Mais ce qui prouve péremptoirement l'universalité des connaissances des artistes an-

nière de ces pièces, page 340, en tout point extrêmement précieuse en ce qu'elle donne l'idée du genre de décoration exécuté au xive siècle par un peintre d'histoire français. Sculptures coloriées et dorées, faits de la vie de César, chasses, *Istoires* de N.-D. et de la Passion, toutes images *fêtes de fines couleurs à l'huisle*, prouvent que Jehan Coste n'était pas un barbouilleur vulgaire, et qu'il se faisait aider par des gens à lui; témoin cette phrase à la fin du document : « Et fera ledit Jehan Coste toutes les œuvres dessus dittes et trouvera (se procurera) toutes les choses nécessaires à ce, excepté buche à ardoir et liz pour hosteler ly et ses gens, etc. »

Il y aurait encore beaucoup d'autres conclusions intéressantes à tirer de ces précieux documents, et notamment du passage suivant : *Cum ipsum oportuerit dictas ymagines manu propria componere et formare, historiasque inibi depictas de quodam libro extrahere*, etc. Ce *quodam libro* serait fécond en conséquences curieuses, même étranges; mais les développements dans lesquels il faudrait entrer ne seraient point ici à leur place.

ciens, c'est la teneur même des différents recueils que le moyen âge nous a laissés sur la matière. Ainsi, l'*Essai sur divers arts*, du moine Théophile, est une véritable encyclopédie de tous les arts connus au xii° siècle; et si l'on ne peut en conclure que tous les peintres de cette époque pratiquaient la totalité des procédés relatés par l'auteur, on peut affirmer du moins que les plus éminents réunissaient une somme de connaissances réellement extraordinaire, et surtout que chez eux les plus sublimes n'excluaient pas les moindres. Or c'est là précisément la thèse que je cherche à démontrer.

L'objection d'ailleurs tomberait complétement devant l'examen d'un autre recueil précieux, composé au xv° siècle, par un peintre italien, Cennino Cennini, élève de Taddeo Gaddi, qui le fut de Giotto. Évidemment, du xii° au xv° siècle la spécialité dans les arts a augmenté dans une notable proportion, et le traité de Cennini est tout spécial à la peinture sur panneau et sur mur. Mais, comme son devancier, il ne néglige pas les principes, et avant d'initier son disciple aux enseignements de la peinture à fresque, il lui donne les notions les plus élémentaires sur la préparation des murs et des panneaux, et la composition des teintes.

Enfin, il suffit de jeter un coup d'œil sur le curieux Album d'un architecte du xiii° siècle, Villars de Honnecourt (édité en fac-simile par M. Lassus), pour se convaincre de l'universalité de la science des artistes du moyen âge. En compulsant ces pages, où le crayon du dessinateur s'en prend à toutes les formes visibles, figures d'hommes et d'animaux, figures nues et figures drapées, géométrie et mécanique, objets d'ameublement et plans d'architecture, le tout traité avec une facilité inouïe, un caractère élevé et une liberté d'invention que le réalisme contemporain ne peut même plus concevoir, on comprend ce qu'étaient ces *maîtres de l'œuvre*, et par quelle puissance à la fois théorique et pratique ils pouvaient faire concourir à un même but l'armée d'auxiliaires placée sous leurs ordres.

Nous pouvons donc conclure de ce qui précède que, contrairement à ce qui se passe aujourd'hui, le peintre du moyen âge devait, en raison de la variété de ses entreprises, s'entourer d'un nombreux personnel ; qu'il possédait des connaissances multipliées dans sa partie ; que son mode d'enseignement essentiellement pratique procédait toujours du simple au composé, du connu à l'inconnu : révélant la transmission successive de traditions remontant à des âges ignorés ; qu'en conséquence, si d'un côté sa méthode était plus rationnelle et réellement plus scientifique que celle de notre temps, laquelle est plutôt l'absence de toute méthode, d'un autre côté et malgré les préjugés contraires, sa position de chef suprême au milieu de nombreux coopérateurs n'avait rien à envier à l'isolement stérile de nos peintres actuels.

Il y aurait bien d'autres différences à signaler entre la constitution de l'atelier ancien et de l'atelier moderne, entre le chef qui *besogne* avec un nombreux personnel, incessamment en contact avec ses apprentis, les dirigeant à la fois par son exemple et par ses conseils, pouvant dès leur début les associer à ses travaux, précisément parce qu'il entreprend *tout ce qui concerne son état,* et le maître de nos jours s'enfermant dans son atelier, y travaillant seul, gardant d'un œil jaloux les secrets de sa pratique personnelle, et n'ayant avec ses disciples d'autre communication qu'une promenade périodique dans la salle particulière qui leur est réservée.

Dans ces conditions, et c'est la dernière conclusion que je veux tirer de ces prémisses, le nom de *maître* n'est-il pas une véritable dérision, aussi bien que celui de disciple? Or, là où il n'y a ni maître ni disciple il ne peut y avoir d'école, et s'il n'y a pas d'école que devient l'enseignement?

Dès lors il n'est pas besoin de chercher ailleurs le principe générateur de la décadence dont nous sommes témoins. On peut seulement se demander dans quel pays, et à quel moment ce principe a commencé à se développer.

Voici la réponse à cette question.

La fatale dérogation à un état de choses constitué par l'expérience des siècles a eu son origine en Italie, et le point de départ de la déviation qui en a été la conséquence se trouve précisément à l'époque de l'apogée de l'art italien pendant la première moitié du xvi° siècle.

Le plus illustre, à juste titre, des artistes italiens, Raphaël, fut le plus grand des peintres, parce qu'il fut d'abord le plus modeste et le plus respectueux des disciples. Avant de se laisser séduire par les innovations inconsidérées de ses contemporains, il avait épuisé la somme de connaissances qu'il pouvait trouver dans l'atelier de son maître. Après en être sorti artiste déjà excellent, il travailla encore sans relâche à s'assimiler tous les procédés qui pouvaient le conduire à la perfection. On ne trouverait pas un seul des éléments de progrès acquis par ses devanciers qu'il ne soit parvenu à s'approprier en l'élevant, l'épurant et le taillant à sa mesure.

Michel-Ange, au contraire, malgré sa

science et son génie, posa involontairement le principe de la décadence continue dont nous voyons les déplorables résultats. Son humeur solitaire, son caractère jaloux et dédaigneux le firent rompre avec toutes les traditions du passé, et, quelque grande que fût son universalité personnelle, il laissa après lui dans l'école le germe de la *spécialité*, que l'usage bientôt exclusif de la peinture à l'huile devait développer si rapidement.

Les conséquences de cette révolution reçurent bientôt une consécration fatale par la fondation des Académies, qui, sans respect pour la logique et pour l'histoire, ne virent rien dans les arts en deçà du XVI° siècle, et, perdant jusqu'au souvenir des traditions antérieures, consommèrent la ruine de la peinture monumentale, et sapèrent du même coup les bases de l'enseignement rationnel du dessin.

L'affaiblissement du goût se fit sentir en Italie aussitôt après la mort de Raphaël. Cet astre à peine éclipsé, l'ombre de la décadence s'étendit sur toutes les écoles de l'Europe avec une telle rapidité, que dans notre pays le siècle illustré par les chefs-d'œuvre des Fouquet, des Poyet et des Clouet vit le souvenir de leur gloire et jusqu'à leur nom s'effacer de la mémoire des hommes.

Si nous en croyons M. le comte de Laborde, François Clouet lui-même aurait subi à la fin de sa carrière l'influence générale, et serait tombé dans la *manière*.

Je ne puis mieux faire en terminant cet aperçu, que de citer les propres paroles de l'illustre critique, dont les savantes recherches nous permettent, après trois siècles d'oubli, de rendre une justice tardive à cette famille d'artistes, joyau précieux de l'écrin qui s'appela jadis l'école de Tours.

Voici ce qu'on lit à la page 122 du livre de M. le comte de Laborde : *La Renaissance des arts à la cour de France*, un volume in-8°, tiré à un petit nombre d'exemplaires et devenu rare.

« A cette date (1572), François Clouet était encore aussi *Français* que son père l'avait été au commencement du siècle; seulement son talent avait perdu de sa sévérité sous l'influence délétère du succès et de la victoire. Il lui eût été plus facile de lutter contre la grande concurrence italienne que contre lui-même, les défauts de ses rivaux eussent soutenu ses qualités; mais resté seul, il cessa de se regarder, et, pour ainsi dire, de se voir passer. La *manière*, non pas celle qui vient de l'imitation et à laquelle il était supérieur, mais la manière qui s'infiltre d'elle-même à la suite des commandes banales et des travaux trop nombreux, la manière le gagna, et, comme un voile, s'interposa entre lui et son modèle. L'observation patiente, l'étude religieuse de la nature firent place à une certaine habileté de main qui rend ses derniers ouvrages moins caractéristiques, et par cela même plus difficiles à reconnaître au milieu des copistes habiles, qui, sous sa direction, reproduisaient, soit en miniature, soit au crayon, ses peintures à l'huile, ses miniatures et ses crayons. »

On voit par cette citation que, dans la

pensée de l'honorable écrivain, François Clouet, tout en restant fidèle aux principes de l'école d'où il était sorti, vit son talent décliner à la fin de sa vie en perdant sa simplicité primitive. M. de Laborde explique ce résultat par des raisons tirées du succès même de Clouet et du grand nombre de commandes qu'il recevait. J'admets volontiers ces causes particulières, auxquelles on pourrait même ajouter l'habitude trop constante du portrait; mais je crois qu'il serait juste de faire la part plus large à l'action des causes générales.

Par un dessin facile mais incorrect, par un coloris séduisant mais tout capricieux et superficiel, les artistes italiens appelés en France vers 1530 fascinèrent promptement toutes les imaginations et corrompirent le goût de la nation, toujours portée aux nouveautés. Comment penser que, seul entre tous, François Clouet n'ait pas subi l'influence délétère de l'opinion unanime de ses contemporains? S'il est bien constaté que, sans changer ses procédés, il devint *maniéré*, il est permis d'affirmer que le style relâché mis à la mode par les œuvres du Primatice et du Rosso l'entraîna à la dérive, et le fit assister de son vivant au naufrage complet des principes qui avaient fait sa gloire, et celle de l'École française proprement dite.

Roole des parties et sommes de deniers que messire Claude Gouffier s. de Boisy, chevallier de l'ordre, cappitaine de cent gentilz hommes de la maison du roy et grand escuyer de France, a commandé et ordonné estre paiées et baillées par Me Alain Veau receveur et paieur du faict et despence de l'escuirie du roy nostre dit sire, et par luy verballement commis à tenir le compte et faire le paiement des fraiz et despences qui seroient ordonnées par ledit sieur grand escuier pour le faict des obsèques et pompes funèbres du feu roy Henry, deuxiesme de ce nom que Dieu absolve, aux marchans et autres personnes cy après nommées pour leur paiement tant des draps de soye que de layne et autres choses par eulx faictes, fournies et livrées pour le faict desdits obsèques et pompes funèbres, le tout selon et ainsi que s'ensuit.

ET PREMIÈREMENT,

Mises pour l'effigie et autres choses approchans près d'icelle et du corps dudit feu roy.

A François Clouet dit Jannet, painctre et vallet de chambre dudit sieur, la somme de deux cens quatre vingts huict livres treize sols tournois pour son paiement et façon de ce qui s'ensuit. C'est assavoir xx s. en plastre huylle et pinceaulx pour mouler le visaige et effigie d'icelluy deffunct roy ; xxx s. en terre de potier pour faire les modelles dudit effigie et des quatre mains ; iiij^{xx} viij liv. pour les peine, sallaire et despense de quatre hommes qui ont besongné et travaillé durant neuf jours pour ledit effigie ; viij s. en plastre qui auroit esté emploié à faire les creulx tant de l'effigie que des quatre mains ; viij l. pour les peines, sallaire et despense de deux hommes qui ont besongné durant deux jours à faire lesdits creux dudit effigie que des mains ; xij l. x^s pour vingt cinq libvres de cire blanche mise et emploiée pour faire ladite effigie et les quatre mains, à raison de x s. la libvre ; xlviij s. pour six libvres de seruze pour mectre avec la cire blanche, à viij s. la libvre ; lx s. pour le bois et charbon pour fondre ladite cire ; xviij l. pour les peines, sallaires, vaccations et despenses de deux hommes qui ont besongné durant trois jours pour mouller et repparer ladite effigie et les quatre mains ; vj l. pour les painctures, colle, pinceaulx, huylle de pétrolle et autres estoffes qu'il a convenu avoir pour estoffer ladite effigie et les mains ; xviij l. pour les peines, sallaire et despense de deux hommes qui ont aydé à étoffer ladite effigie et les quatre mains durant le temps de trois jours ; xx s. pour une petite caisse de bois pour mectre led. effigie ; viij s. pour avoir painct et noircy lad. caisse ; xv l. pour avoir faict les deux sceptres, assavoir, le ceptre roial qui a cinq pieds de hault et le sceptre de la main de justice, le tout doré d'or fin, en ce comprins la tailleure et doreure d'iceulx ; iiij s. qu'il a paiez à ung crocheteur qui a porté led. effigie du logis dud. Jannet aux Tournelles par quatre voiaiges ; lx s. pour le sallaire de deux hommes qui luy ont aydé à accoustrer par deux fois led. effigie au lict de parade, et sur le lict qui a esté porté par la ville durant deux jours à raison de xxx s. chacun ; l s. pour avoir noircy ung coffre de bois dedans lequel a esté mis le corps dudit feu roy ; iiij^{xx} l. tant pour ses peines et sallaires d'avoir besongné aud. effigie que pour ses vaccations d'avoir ordinairement assisté à la faire diligenter ; xij l. pour avoir faict estoffer et doré d'or fin ung escu des armoiries de France des deux costez au parement de devant et derrière ; vj l. xv s. qu'il a paiez à ung tailleur qui a taillé en bois ledit escu ; lx s. à ung serrurier qui l'a ferré ; lx s. pour avoir painct de noir de Flandres six grandes lances pour mectre six enseignes ; lx s. pour avoir noircy le corps du chariot, roues et cordaiges d'icellui, dans lequel s'est porté le corps dud. deffunct roy ; cy pour toutes lesd. parties ensemble, lad. somme de ij^c iiij^{xx} viij^l xiij^s.

A Francisque de Carpy, menuysier du roy, la somme de quatre vingts treize livres dix sols tournois pour son paiement et façon de ce qui s'ensuit, c'est assavoir, lxv l. pour le bois et façon du grand char triumphal avec son tabernacle dessus pour mectre le corps dudit feu roy en ce compris la ferreure d'iceluy ; vj l. x s. pour huict poullies enchassées en quatre pièces de bois pour servir aud. tabernacle comprins les cordaiges à ce nécessaires; xx l. pour une grande lictière dans laquelle y en avoit une autre petite descouverte, sur laquelle a esté porté l'effigie dud. feu roy, compris la ferreure; et xl s. pour plusieurs bastons de bois qui ont servy à lad. lictière, cy lad. première somme de iiij^{xx} xiij^l x^s.

A Guillaume Erard, m^e serrurier à Paris, la somme de treize livres quinze sols tournois pour son paiement et façon d'avoir ferré le lict sur lequel a esté mis et posé l'effigie dud. deffunct roy de six grans crochets chacun d'un pied et demy de long fourny de lacets à deux poinctes pour les atacher, garnis de pictons à poincte pour tenir lesd. crochets; ensemble de tout ce qui a esté besoing et nécessaire tant pour led. lict, coffre qui couvre le chariot d'armes sur lequel a esté porté le corps, que aussi pour ledit chariot d'armes; cy lad. somme de xiij l. xv^s.

A Roch Desmarest, charron demourant aud. Paris, la somme de trente cinq livres tourn. pour son paiement d'un grand chariot neuf garny de quatre roues d'orme avec leurs essieulx à esguignons, le thimon garny d'armous et platte selle et de tout ce qui est nécessaire pour servir ausd. funérailles le jour que led. deffunct roy fut porté à St-Denis en France ; cy lad. somme de   xxxv^l.

A Jehan Cadot, maréchal de forge de lad. escuirie, la somme de quarante livres tournois pour son paiement d'avoir ferré led. chariot assavoir les quatre roues garnies de seize frettes et huict bouestes par les moieulx avec quatre esguignons garnis de huict brebans et huict arboutans ; ensemble de tout ce qui a esté besoing et nécessaire pour led. chariot qui a servy pour conduire le corps dud. deffunct roy, cy   xl^l.

A Jehan Leclerc, marchant de draps de soie, demourant à Paris, la somme de quatre mil huict cens soixante livres tournois pour son paiement de plusieurs parties de draps de soie par lui fournis et livrés pour les obsèques et pompes funèbres dud. deffunct roy ainsy qu'il s'ensuit. Assavoir v^c xxv l. pour soixante quinze aulnes de velours noir emploiées à faire le grand drapt mortuaire pour mectre sur le grand chariot d'armes où estoit le corps dudit feu roy ; xxj l. vj^s viij^d pour deux aulnes deux tiers de velours pers emploié à faire vingt quatre scussons couvers de broderie aux armes de France pour mectre sur led. grand drapt mortuaire; lxv^l pour seize aulnes et ung quart de satin blanc pour faire croix sur led. drapt; xlv^l x^s pour six aulnes et demie de velours noir pour couvrir dix longues couroies pour porter le cerceul où estoit le corps du feu roy par les archers du corps; xxj l. pour trois aulnes dud. velours pour faire couessinets pour attacher avec lesd. couroies et servir à ceulx qui portent led. corps; iiij l. xiij^s iiij^d pour deux tiers dud. velours pour faire petits couessinets à ceulx qui sont soubs l'effigie; vj^{xx} xvj^l pour dix-sept aulnes de velours pers qui ont servy à faire le harnois et capparason du cheval d'honneur qui marche devant le corps du roy semé de fleur de lis d'or sans nombre; cvj^s viij^d pour deux tiers dud. velours pour faire resnes et estrivières aud. cheval; ij^m vij^c xij^l x^s pour trois cens quatre vingts sept aulnes et demie de velours noir livrées aux selliers de lad. escuirie pour faire vingt cinq capparasons cordés de satin blanc pour servir à vingt cinq des grands chevaulx dud. s^r, dont y en a six servans à mener le chariot d'armes ou quel estoit le corps dudit feu roy, lequel chariot estoit couvert d'un grand drapt mortuaire de velours noir corsé de satin blanc et garny de vingt quatre

escussons cy devant déclairés, à l'entour duquel chariot d'armes marchoient tous les officiers d'armes dud. feu s^r roy habillés en deueil, sur douze desquels chevaulx estoient montés douze paiges d'honneur habillés de velours noir, aians chacun ung chapperon en teste dud. velours, la teste nue passée par dedans led. chapperon, qui marchoient après led. chariot d'armes; ung autre cheval sur lequel estoit monté. . . . . . .
qui portoit les gantelets dudit feu s^r roy; ung aultre sur lequel estoit monté l'escuier Carvoisin qui portoit l'armet dud. feu s^r roy timbré à la roialle, couvert d'un petit manteau de velours pers semé de fleurs de lis d'or sans nombre doublé de taffetas blanc fourré d'armynes; ung autre sur lequel estoit monté. . . . .
qui portoit l'escu de France; ung autre cheval sur lequel estoit aussi monté. . . . .
qui portoit la cotte d'armes d'icelluy feu roy; ung autre sur lequel estoit pareillement monté. . .
. . . . qui portoit les esperons; ung autre cheval sur lequel était monté monseigneur de Boisy grand escuier de France portant l'espée roialle dud. feu roy en escharpe; et ung autre cheval sur lequel estoit monté monseigneur le connestable aiant la conduicte du corps dudit feu roy, mar-

chant après son effigie représentant led. corps,
faisant porter à costé de luy la grande bannière de
France de velours pers, à deux endroicts, semée
de fleurs de lis d'or sans nombre; xiiij^l pour deux
aulnes de velours noir pour reffaire aucuns des
capparasons qui auroient esté deschirer devant
Nostre Dame de Paris, le jour que le corps dud.
feu roy partit des Tournelles où il trespassa; xlij l.
pour six aulnes de velours noir emploié à couvrir
deux selles qui servoient à messeigneurs le connestable et grand escuier; xxj l. pour trois aulnes
d'icelluy velours pour couvrir les deux harnois
faicts pour lesd. deux chevaulx; vij^{xx} l. pour vingt
aulnes d'icelluy velours noir pour couvrir tous les
harnois de six grans chevaulx servans à mener led.
chariot; cxii^l pour seize aunes dudit velours noir
emploié par les selliers cy après nommés pour faire
six housses à couvrir les colliers desd. chevaulx;
iiij^{xx} $^{liv.}$ x^s pour unze aulnes et demie dud. velours
emploié à couvrir vingt deux paires de resnes et
vingt deux paires d'estrivières pour servir à iceulx
chevaulx et à ceux du chariot; iij^c xxxvj liv.
pour quarante huict aulnes de velours noir emploié à faire douze robbes pour servir aux douze
paiges d'honneur qui marchoient près du corps
sur les grands chevaulx cy devant déclarez; iiij^{xx}

iiij l. pour douze aulnes dud. velours noir employé à faire deux robbes pour les deux chartiers qui menoient led. chariot d'armes ; xxxvj l. pour quatre aulnes et demye dudit velours pers employé à faire la grande bannière de France à deux endroits, qui est semée de fleurs de lis d'or sans nombre d'une part et d'aultre, aiant une aulne en quarré de laquelle est cy-devant faicte mention ; xvj l. pour deux aulnes dud. velours pers employé à faire une petite bannière aussi carrée et à deux endroicts semée d'une part et d'autre de semblables fleurs de lis d'or sans nombre, aiant deux tiers en quarré qui servoit de cornette de la maison dud. feu roy ; xxxvj l. pour quatre aulnes et demie dud. velours pers employé à faire une cotte d'armes ; xij l. pour une aulne et demye d'icelluy velours pers pour faire le manteau roial servant à mectre sur l'armet cy devant déclaré ; liij^s iiij^d {pour ung tiers d'icelluy velours pers dont ont esté garnis les gantelets dud. feu sire ; iiij^c l. L. pour quatre vingts sept aulnes et demie de satin blanc employé à faire croix sur les vingt cinq capparasons dessus d. qui est pour chacun trois aulnes et demie ; iiij L. pour une aulne de satin blanc emploié à refaire aucun desd. capparasons qui avoient esté rompus et deschirés près Nostre Dame de Paris le jour que led. feu roy y fut porté; xxx L. pour sept aulnes et demie de satin pers emploié à couvrir les lances et bastons servans à porter les trophées; l^s pour une aulne de taffetas blanc emploié à couvrir le manteau qui couvroit l'armet cy devant déclaré; et c^s pour deux aulnes de taffetas pers en six fils pour doubler la cotte d'armes cy devant déclarée qui est à raison de viij L. l'aulne dud. velours pers, et vij livres l'aulne de velours noir et iiij L. l'aulne de satin blanc et pers, et de l^s l'aulne de taffetas blanc et pers. Cy pour toutes lesd. parties ensemble lad. première somme de   iiij^m viij^c lx^{liv}.

A Jehan Perrault, brodeur de l'escuirie dud. sire, la somme de dix neuf cens vingt trois livres sept sols, six deniers tournois pour son paiement et façon de plusieurs parties de son mestier par luy faictes fournies et livrées pour le faict des obseques et pompes funèbres dud. feu roy Henry deuxiesme de ce nom que Dieu absolve durant le mois d'aoust ainsi qu'il |s'ensuit. C'est assavoir vij^c v L. v^s pour huict cens six fleurs de lis pour filées d'or qui ont esté par luy mises et assizes sur la housse et harnois du grant cheval de parement qui marchoit devant le corps et effigie dud. feu roy, à raison de xvij^s vj^d pièce; ij^c x L. pour deux cens quarante autre fleurs de lis pareilles les susd. et aud. pris qui ont esté mises et assizes sur la grande bannière de France; c L. xijˢ vjᵈ pour cent quinze fleurs de lis d'or de la mesmes façon et dud. prix emploiées à la petite bannière; cxvij L. x s. pour neuf vingts huict fleurs de lis assez petites qui sont aussi proufilées d'or mises et assizes sur le petit manteau roial servant à mectre sur l'armet à raison de xijˢ vjᵈ pièces; vijᵉ xx L. pour vingt quatre grandes armoieries dud. sire faictes en broderie d'or et guyppure mises sur le charriot d'armes à raison de xxx L. pour chacune; et lxx L. tant pour six grandes fleurs de lis d'or de la haulteur d'un quartier que de six autres de moiennes avec une bordeure, le tout faict sur la cotte d'armes qui a esté portée près le corps dud. feu roy. Cy pour toutes lesd. parties ensemble lad. somme de xixᵒ xxiij L. vijˢ vjᵈ.

A Jehan Claveau, passementier fournissant l'escuirie dud. sire, la somme de trois cens vingt trois livres quatre sols deux deniers tournois aussi pour son paiement de plusieurs parties par luy faictes et fournies pour le faict desd. obsèques durant led. présent mois d'aoust ainsi qu'il s'ensuit; assavoir xxiiij L. pour quatorze aulnes de passement d'or large pour mectre sur la selle du grand cheval d'honneur qui marche devant le corps et effigie dud. feu roy poisant viij onces à raison de lx^s l'once ; xlij^s pour la façon dud. passement à iij^s la laize ; xvij L. v^s pour dix huict aulnes de passement d'or plus estroit que celluy cy dessus pour encores mectre sur lad. selle du cheval d'honneur poisant cinq onces six gros aud. feur de lx^s l'once ; xxxvj^s pour la façon dud. passement à raison de ij^s pour aulne ; lxiiij L. xiij^s ix^d pour dix neuf aulnes de grande frange d'or large de deux doigts, mise et employée à la housse dud. cheval, poisant vingt une once quatre gros et demy aud. feur de lx^s l'once ; xiij L. x^d pour sept aulnes de frange d'or plus petite pour mectre à l'entour de la selle dudit cheval d'honneur poisant quatre onces et demy aud. feur que dessus ; vj L. x^s pour la façon desd. vingt six aulnes de frange d'or retorse à cinq sols l'aulne ; ix L. vij^s vj d. pour vingt six aulnes de frange de soie perse mise sous lad. frange d'or poisant 12 onces et demie à xv^s l'once ; lxxviij^s pour la façon desd. vingt six aulnes de frange à iij^s l'aulne ; xl L. x s. pour six aulnes grande frange d'or et deux aulnes et un tiers de plus petite emploiée à la grande bannière de France poisant le tout xiij onces et demy à lx^s l'once ; xlij^s vj^d pour la façon desd. franges à v^s l'aulne ; lxxvj^s

viij^d pour cinq aulnes de frange de soie perse mise soubs lad. frange d'or poisant cinq onces un gros à xv^s l'once; xxv^s pour la façon desd. franges à v^s l'aulne; xxvij L. pour dix huict grosses esguillettes d'or et de soie perse pour servir à atacher la grande housse qui est sur le cheval d'honneur poisant neuf onces à lx^s l'once; liiij^s pour la façon desd. esguillettes à iij^s pièce; xxv L. ij^s vj^d pour deux gros cordons d'or et de soie perse de deux aulnes de long chacun garny de grosses houppes aussi d'or et de soie pour servir à mener led. cheval d'honneur poisant huict onces trois gros à lx^s l'once; xxv^s pour la façon desd. cordons; xlij L. pour trois grosses houppes d'or et de soie perse pour mectre aux resnes dud. cheval poisant xiiij onces à lx^s l'once; xx^s pour la façon desd. houppes; ix L. pour trois gros boutons d'or et de soie perse pour servir aux estrivières et resnes dud. cheval poisant trois onces à lx^s l'once; v^s pour la façon desd. bouttons; xvij L. xvj^s iij^d pour cinq aulnes et demy de grande frange d'or pour servir à la petite bannière poisant cinq onces sept gros et demy à lad. raison de lx^s l'once; xxvij^s vj^d pour la façon desd. franges à v^s l'aulne; xxxvij^s vj^d pour deux aulnes et demie de grande frange de soie perse et deux tiers de petite pour mectre soubs lad. frange d'or poisant deux onces et demie à raison de xv^s l'once; xv^s pour la façon desd. franges à v^s l'aulne; et xlv^s pour trois onces de soie jaulne, violette et noire pour couldre lesd. passemens et franges dessus déclarées à xv^s l'once. Cy pour toutes lesd. parties ensemble lad. somme de iij^c xxiij^l iiij^s ij^d.

A Grégoire Coutant, sellier en l'escuirie dud. sire, la somme de trois cens soixante dix neuf livres, quinze sols, neuf deniers tournois pour son paiement de plusieurs parties de son mestier par luy faictes et fournies pour le faict desd. obsèques et funérailles ainsi qu'il s'ensuit. Assavoir, xvij L. x^s pour avoir faict et taillé le grand poille de velours noir couvert d'une grande croix de satin blanc cousu de fil de soie, doublé de toille noire pour mectre par dessus le tabernacle qui a porté le corps dud. sire le jour des obsèques; xiiij L. vj^s pour quarante quatre aulnes de thoille noire pour doubler led. poille à vj^s vj^d l'aulne; xxiiij^s pour douze aulnes de ruban pour atacher led. poille au tabernacle à ij^s l'aulne; c^s pour dix couessinets de cuir rempliz de layne couvers de velours pour mectre sur les espaulles des gentilshommes qui ont porté le cercueil le jour de ses obsèques; xxx˚ pour dix aulnes de ruban pour les attacher; x L. pour huict courroies de cuir doublés de quatre tissus couvertes de velours noir garnies de boucles pour tenir l'effigie dud. deffunct roy; c˚ pour huict couessinets ramplis de bourre couvers de cuyr velouté pour servir avec lesd. courroies aud. effigie; xxx˚ pour douze aulnes de ruban pour attacher lesd. couessinets; xij˚ pour achapt de cordes pour attacher le cercueil dessus le grand chariot; xv L. pour dix longues couroies de cuir doublés de tissu de la longueur de deux aulnes chacune couvertes de velours noir garnies de boucles noires renforcées pour servir à porter et rapporter le cercueil où estoit le corps dud. feu roy; vij L. x˚ pour ung grand capparason de velours pers couvert de fleurs de lis d'or, frangé de tous costés de franges d'or et de soie, doublé de thoille cousu de soie pour servir à mectre sur le cheval d'honneur qui marchoit devant le corps et effigie du feu roy; lxj˚ ix^d pour neuf aulnes et demie de thoille pour doubler lesd. capparason à vj˚ vj^d l'aulne; iiij^{xx} L. pour une grande selle armée devant et derrière à haultes allestes et gardes dorée d'or de ducat gravée en facon de moresque et autres histoires couvertes de velours pers passementée et frangée de passement et frange d'or et de soie, garnye de sangles et surfais pour servir aud. cheval d'honneur; lx^s pour avoir faict et picqué de soie le siége de velours de lad. selle, tressé et cordonné de petits cordons et tresse d'or; xxx^s pour une faulce housse de cuir doublé de drapt pour mettre sur lad. selle; l^s pour une paire de resnes larges à bouttons couvertes de velours pers frangées de franges d'or et de soie tout à l'entour et une paire d'estrivières couvertes dud. velours pour servir avec lad. selle; xxx L. pour avoir couvert de velours six grans harnois de cuir qui servoient aux six grans chevaulx qui menoient le grand chariot dans lequel estoit le corps dud. deffunct roy; c^s pour six housses de velours pour couvrir lesd. six chevaulx; xiij L. xv^s pour vingt deux paires de resnes à bouttons couvertes de velours pour servir tant à iceulx chevaulx que aux autres qui suivoient led. corps à xij^s vj^d pièce; xiij L. xv^s pour vingt deux paires d'estrivières de cuir couvertes de velours garnies de boucles audit feur de xij^s vj^d la paire; lxxij L. pour la façon de douze grans capparasons de velours noir couvers de grandes croix blanches de satin blanc cousus de soie blanche et doublés de thoille noire pour les douze grans chevaulx estans aussi à la suicte dud. corps à raison de vj L. pour chacun; xxxvj L. ix^s vj^d pour cent douze aulnes ung quart de thoille noire pour doubler lesd. capparasons, à raison de vj^s vj^d l'aulne; vij L. pour quatorze chappellets couvers de velours noir pour servir aux paiges d'honneur qui assistent les jours des obsèques dud. feu roy à raison de x^s pièce; x^s pour avoir couvert de velours noir les deux verges qui servoient aux conducteurs des chariots; viij L. ij^s vj^d pour treize testières de cuir noir couvertes de velours, garnies de porte mors pour servir avec les capparasons cy devant déclarés; viij L. pour une selle à liéges et lians couverte de maroquin, garnie de son harnois, couvert de velours servant à monseigneur le connestable; iiij L. pour deux grandes houestes de fort cuyr velouxté garnies de couroies avec boucles de fer pour servir l'une à monseigneur de Guyse portant la bannière de France, et l'autre au feu s^r de Carvoisin portant l'armet devant ledit feu roy; et xij L. pour plusieurs frais et despences que led. Coutant a esté contrainct faire extraordinairement pour entretenir et faire dilligenter les ouvriers besongnans pour l'effect que dessus. Cy pour toutes lesd. parties ensemble lad. première somme de   iij^c lxxix^L xv^s ix^d.

A Jehannot de Fizac dict Chazerel, aussi sellier dudit sire, la somme de quatre cens cinquante livres six sols cinq deniers tournois aussi pour son paiement de plusieurs parties de son mestier qu'il a pareillement fournies et livrées pour le faict desd. obsèques et funérailles dud. feu roy, ainsi qu'il s'ensuit. Assavoir ij^e xl L. pour vingt quatre selles neufves couvertes de maroquin blanc, garnies d'estrivières sangles et surfais sur lesquelles sont mis les grans capparasons de velours noir, à x L. pièce; xx L. pour deux autres selles neufves couvertes de cuir et par dessus de velours noir, les siéges picqués et contre pointés garnies de sangles, surfaiz et estrivières à lad. raison de x^s pour chacune; l^s pour deux faulces housses qui ont servy à mectre sur lesd. selles affin de les garder et conserver à xxv^s pièce; xlviij L. pour vingt quatre harnois de cuir garny de testières, poitraulx et croppière double à xl^s pièce; viij L. pour deux autres harnois de cuir couvers de velours noir garnis de boucles noires pour servir avec lesd. deux selles à iiij L. pièce; iiij^{xx} xj L. pour la façon de treize capparasons de velours noir dessus lesquels y a de grandes croix de satin blanc servant sur les selles cydessus déclarées à raison de vij L. pour chacun; xl L. ij^s ix^d pour six vingt trois aulnes et demie de toile noire emploiée à doubler lesd. capparasons qui est pour chacun neuf aulnes et demie à raison de vj^s vj^d l'aulne; et xiij^s iiij^d pour huict douzaines de grandes esguillettes noires pour attacher lesd. capparasons sur lesd. chevaulx à xx^d la douzaine. Cy pour toutes lesd. parties ensemble, lad. première somme de iiij^c l^L vj^s ix^d.

A Jehan Guespin, esperonnier dud. sire, la somme de quarante sept livres dix sols tournois, pour son paiement de plusieurs parties de son mestier par lui faictes, fournies et livrées pour le faict desd. obsèques durant ced. mois d'aoust, comme il s'ensuit. Assavoir, iiij L. x^s pour une paire d'esperons dorés dedans et déhors servans à porter devant le corps dud. deffunct roy; xxiiij L. pour vingt quatre mors de fer, noircis, garnis de gourmettes, barres, thorets et chesnettes pour servir aux grans chevaulx qui estoient aud. deueil à xx^s pièce; xvj L. xv^s pour vingt paires d'estrieulx noirs et dix huict paires d'esperons qu'il a fournis pour les paiges d'honneur et autres qui estoient à cheval le jour desd. obsèques et funérailles à x^s la paire d'estrieulx et vij^s vj^d la paire desd. esperons; xxx^s pour ung mors et une paire d'estrieulx noirs fournis pour monseigneur le connestable; xv^s pour une paire d'esperons noirs garnis de drapt pour servir à monseigneur le grand (escuyer). Cy pour toutes lesd. parties ensemble, lad. somme de xlvij L. x^s.

A Pierre Regnard bourelier demourant à Paris la somme de cinquante cinq livres quatre sols tournois pour son paiement de plusieurs parties de son mestier par luy faictes, fournies et livrées pour le faict desd. obsèques et pompes funèbres durant ce présent mois d'aoust, ainsi qu'il s'ensuit. Assavoir xxiiij L. pour six grandes bricolles garnies de coessignières, avalloueres et collerons, le tout de cuir et de chesnes et manselles pour servir aux chevaulx qui menoient le grand chariot d'armes, dans lequel estoit le corps dud. feu roy, à iiij L. pièces; viij L. pour deux collerons de cuir de Hongrie doublés de mesme pour servir au bout du thimon dud. grand chariot à iiij L. chacun; xvj L. pour quatre grans traicts dud. cuir de Hongrie doublés de cuir de bauldrier garnis de sur dos et ventrières à la susd. raison de iiij L. pour chacun; et vij L. iiij^s pour vingt quatre longueurs de cuir de Hongrie pour faire les cordeaulx, guydes et retraictes desd. chevaulx à vj^s chacun.

Cy pour toutes lesd. parties ensemble lad. première somme de lv L. iiij*.

A René de Champdamour armeurier dudit sire, la somme de soixante cinq livres tournois pour son paiement et façon de ce qui s'ensuit, assavoir, xlv L. pour ung grand heaulme gravé et doré, et xx L. pour une paire de gantelets aussi gravés et dorés d'or moulu; le tout pour servir ausd. obsèques et funérailles, ci lxv L.

A Jacques Vignicourt bossetier dud. sire la somme de soixante dix livres tournois pour son paiement et façon d'une grande couronne de cuivre dorée d'or aiant un timbre royal aussi doré dedans et déhors de la largeur d'un pied en carré, garnies de ses pierreries, qu'il a faicte pour servir ausd. obsèques et funérailles, cy lxx L.

A Henry Allais sommelier d'armes dudit sire, la somme de vingt huict livres quatre sols tournois pour son paiement et façon de ce qui s'ensuit, assavoir, vj L. pour trois lances de fer dorées pour porter les deux bannières de France, et une cotte d'armes couvertes de satyn pers à xl^s pièce; ix L. pour neuf aulnes de crespe de soie noire mises sur les deux bannières à xx^s l'aulne; l^s pour deux cens de petit clou doré pour attacher lesd. enseignes; lx^s pour quatre gros bastons servans pour porter les trophées couvers de satyn pers à xv^s pièce; vj L. pour six lances noires servans à porter les enseignes des deux cens gentilshommes et des quatre cens archers de la garde dudit sire, à xx^s; iiij^s pour huict aulnes de ruban pour attacher lesd. enseignes; xxx^s pour avoir couvert trois lances de satin pers servans deux pour porter les deux bannières et la troisième pour la cotte d'armes et les trois bastons servans à porter les trophées. Cy pour toutes lesd. parties ensemble, lad. somme de xxviij L. iiij^s.

A Nicolas Guesdon cappitaine de charroy de lad. escuirie la somme de sept vingts huict livres quatorze sols tournois pour son remboursement de semblable somme qu'il a paiée ainsi qu'il s'ensuit, assavoir, lviij L. x^s pour le louaige de vingt six grans chevaulx qu'il a convenu avoir pour servir ausd. obsèques et pompes funebres dud. deffunct roy durant six jours entiers à raison de vij^s vj^d pour chacun jour; lxx L. iiij^s pour la despence desd. chevaulx durant led. temps à raison de ix^s par jour; xl^s pour la ferreure desd chevaulx; et xviij L. pour le sallaire, nourriture et despence de dix hommes qui ont durant ledit temps pensé, traicté et accoustré lesd. vingt six chevaulx à raison de vj^s à chacun par jour. Cy lad. première somme de   vij^{xx} viij l. xiiij^s.

A Jehan Belluceau dict de Saint Pol, tailleur de lad. escuirie, la somme de vingt livres dix sols tournois pour son paiement et façon de ce qui s'ensuit, c'est assavoir, xl^s pour avoir taillé, cousu, frangé de frange d'or et de soie deux bannières de velours pers à xx^s pièce; xxx^s pour avoir aussi taillé, cousu, doublé de taffetas, et frangé de frange d'or et de soie une cotte d'armes; xx^s pour la façon d'un manteau roial doublé de taffetas; xiiij l. pour la façon de quatorze robbes de velours noir et quatorze chapperons en deueil pour les douze paiges d'honneur, marchans devant le corps du feu roy montés sur les douze grans chevaulx capparasonnez dud. velours noir et deux conducteurs du grand chariot montés sur deux des chevaulx capparasonnés dud. velours noir, et deux conducteurs du grand chariot montéz sur deux des chevaulx qui le menoient, dans lequel chariot estoit le corps dudit feu roy; et xl^s pour avoir aussi taillé, cousu une longue robbe de deueil, ung saie à manches, ung autre pour aller à cheval, et deux chapperons pour servir à monseigneur le Grand qui marchoit près le corps dudit feu roy. Cy lad. première somme de xx L. x^s.

A Guillaume et Claude les Chouars, André Hac, Jehan Fraude et Nicollas Prévost, marchans drappiers demourans à Paris, la somme de cent une livres cinq sols tournois pour leur paiement de unze aulnes quart de fin drapt noir lunestré qu'ils ont fournis et livrés à Jehan Belluceau dict de Saint Pol, tailleur de lad. escuirie devant nommé pour faire les habillemens de deueil à monseigneur le grand escuyer qui marchoit près le corps dud. feu roy, qui est à raison de ix L. l'aulne, cy cj L. v^s.

A Jehan Baulyn cordonnier, fournissant lad. escuirie la somme de vingt une livres tournois pour son paiement de douze paires de bottines de cuir de marocquyn velouxtées qu'il a fournies et livrées aux douze paiges d'honneur dont est cy devant faicte mention, et qui ont marché devant le corps dud. deffunct roy, à raison de xxxv^s chacune paire, cy xxj L.

Somme de ce chappitre viij^m ix^c lxiiij^L xviij^s vi^d tournois.

Autres mises pour les gardes, maréchaulx des logis, fourriers, portiers, officiers d'escuirie, paiges, lacquais, contrerolleurs, trésoriers et paieurs des postes et chevaucheurs d'escuirie.

A Claude et Guillaume les Chouards, Jehan de Bordeaux et André Hac, marchans drappiers demourans à Paris la somme de trente mil cent soixante deux livres dix huict sols tournois pour leur paiement de six mil trois cens quatre vingts quatre aulnes quart de drapt noir, dont y en a v^c xxxv aulnes à vij L. l'aune, ij^c xx aulnes et demye à vj L. t; ij^m v^c lxxvij aulnes et demie à c^s et iiij^m lj aulnes quart à iiij L. l'aulne seullement, et viij aulnes de bougran à vj^s l'aulne. Le tout fourny et livré pour le faict desd. obsèques, et pompes funèbres dud. feu roy Henry dernier déceddé que Dieu absolve, ainsi qu'il est cy après déclaré et spéciffié.

Assavoir.

Pour la garde escossoise dont a la charge et conduite le sr de Lorges les drapts cy après déclarés revenant à iiij{m} iiij{c} xviij{l.} x{s}.

Messire Jacques de Montgommery chevallier de l'ordre et capitaine de lad. garde. . . . .

Archers du corps et exemps estans en nombre vingt huict ausquels a esté baillé ij{c} xxxviij aulnes de fin drapt noir pour leur faire habillemens de deueil qui est pour chacun viij aulnes et demie, à raison de vij l. l'aulne.

. . . . Tous archers de lad. compagnie estans en nombre soixante neuf, à chacun desquels auroit esté fourny pour leurs habillemens de deueil sept aulnes et demye qui sont en tout v{e} xvij aulnes et demye à raison de c{s} l'aulne.

. . . . A chacun sept aulnes et demye qui seroit pour eulx quatre xxx aulnes dont y en a xv à vj l. et les autres xv aulnes à c{s} seullement.

Nombre total des drapts fournis pour lad. garde escossoise vij{c} iiij{xx} v. aulnes et demye revenans aux pris et raison cy dessus déclarés à lad. somme de iiij{m} iiij{c} xviij {l.} xd.

Pour la garde Francoyse estant soubs la charge

et conduicte du s^r de Chaugny les drapts cy après déclarés revenans à ij^m ij^c lxxviij ^{L.}

Le sieur de Chavigny cappitaine..... estans en nombre six exempts du hocqueton et halbarde à chacun desquels a esté fourny viij aulnes et demye de drapt qui sont en nombre cinquante une, à raison de vij L. l'aulne.

.... Tous archers estans en nombre cinquante ausquels a esté baillé trois (cens) soixante quinze aulnes de drapt pour faire habillemens de deueil qui est pour chacun sept aulnes et demye à raison de c^s l'aulne et à Bretesche trésorier de lad. garde sept aulnes et demye à raison de vj L. l'aulne.

Nombre des drapts fournis pour lad. garde iiij^c xxxiij aulnes et demye revenans au pris et raison cy dessus déclarez et spécifiées à lad. somme de ij^m ij^c lxxvij L.

Pour la garde Francoyse estans soubs la charge et conduicte du s^r de la Ferté les drapts cy après déclarés revenans à ij^m iij^c lxxv L.

Le s. de la Ferté cappitaine....... archers exempts estans en nombre cinq à chacun desquels a esté fourny huict aulnes et demye de drapt qui sont quarante deux aulnes et demye à raison de vij L. l'aulne.

. . . . Tous archers de lad. compagnie dud. sʳ de la Ferté estans en nombre cinquante deux ausquels a esté baillé trois cens quatre vingts dix aulnes de drapt pour leur faire habillemens de deuil qui est pour chacun vij aulnes et demy à raison de cˢ l'aune, et . . . . . . (2) trésoriers de la d. compagnie vij aulnes de drapt a raison de vjᴸ l'aulne, et à . . . . . . clerc du guet d'icelle compagnie vij aulnes et demye à cˢ l'aulne seullement.

Nombre des drapts fournis pour lad. garde du sʳ de la Ferté iiij°lv aulnes revenans au pris et raison que dessus à lad. somme de ij ᵐ iij° lxxv ʟ.

Pour la garde Francoyse estans soubs la charge et conduicte du sieur de Brezay, les drapts cy après déclarés revenans à   iijᵐ iiijˣˣ vjᴸ xˢ.

Le sieur de Brezay cappitaine. . . . . . archers exempts qui sont en nombre sept ausquels a esté baillé cinquante neuf aulnes et demye de drapt noir fin pour leur faire habillemens de deueil qui est à chacun viij aulnes et demye à raison de vij ʟ. l'aulne.

. . . . Tous archers de lad. compaignie dud. sʳ de Brezay qui sont en nombre soixante neuf ausquels a esté baillé et livré cinq cens dix sept aulnes et demye de drapt noir pour estre employé à leur faire habillemens de deueil qui est pour chacun sept aulnes et demye à raison de c^s chacune aulne.

A Papillon trésorier de lad. compaignie vij aulnes et demye fin drapt noir pour luy faire habillemens à vj L. t. l'aulne. Et à Jehan de Cernay clerc du guet d'icelle compaignie pareil nombre de vij aulnes et demie à raison de c^s l'aulne seullement.

Nombre des drapts fournis pour lad. garde du s^r de Brezay v^c iiij^{xx} xij aulnes revenans au pris et raison cydessus à lad. somme de   iij^m iiij^{xx} vj^L x^s.

Pour la garde Françoyse estant soubs la charge et conduicte de monseigneur le sénéchal d'Agennois les drapts cy-après déclarés revenans à   xi^c xxiij^L x^s.

Pour le cappitaine et 2 autres 25 aunes et demie à 7^L l'aulne pour 24 archers de lad. compagnie   180 aulnes à 5^l l'aune.

Au trésorier   7 aunes et demie à 6^l l'aune.

   Total   212 aunes se montant à la somme de   1123^l 10^s

Pour les suisses de la garde dont a la charge et conduicte le s^r de la Marche les drapts cy après déclarez revenans à   xvj^c iiij^{xx} ij^L x^s.

Henry Robert de la Marche cappitaine et 2 autres, 25 aulnes et demie   à 7^l l'aune.

100 suisses de la garde, 3 aulnes et demie pour chacun 350 aulnes à 4¹ l'aune.
aux 2 trésoriers, 15 aulnes à 6¹ l'aune.
au clerc du guet 3 aunes et demie à 4¹ l'aune.

394 *aunes à la somme de* 1682¹ 10ˢ.

Escuiers d'escuirie et cavalcadours pour les drapts cy après déclarés revenans à vij° lxv$^{l.}$ t.

17 à chacun 7 aunes et demie = 127 ½ aunes à 6¹ l'aune = 775¹.

Autres cavalcadours pour les draps cy-après déclarés revenans à vij^{xx} ix$^{l.}$ x^{s}.

2 personnes à 6 ½ aunes = 13 aunes à 4¹ l'aune.
3 personnes à 6 ½ aunes = 19 ½ aunes à 5¹ l'aune.

32 ½ aulnes pour 149¹ 10ˢ.

«   Héraulx et poursuivans d'armes pour les
«   draps cy après déclarés revenans   à vij° l L.
« Tristan de Boissy du tiltre de Montjoie.
« Nicolas Raymon du tiltre de Normandie.
« Pierre Lecaron du tiltre de Champaigne.
« Mathieu Jurguet du tiltre d'Anjou.
« François Signac du tiltre de Daulphiné.
« Constantin de la Tour, du tiltre d'Angoulèsme.
« Medard Bardin du tiltre d'Orléans.
« René Girard du tiltre de Bretagne.
« Jehan Guérin du tiltre de Bourgogne.

« François Vallet du tiltre de Guyenne.
« Emond du Boullay du tiltre de Vallois.
« Anthoine Carlier du tiltre de Piémont
« Pierre Durant du tiltre de Piccardie.
« Franch Boynin du tiltre de Bourbonnois.
« Claude Le Parchemynier, Charles Camus, Jehan
«   Callier, François de Saccarlarre, Noel Le Vi-
«   gneron et Loys Perrinet poursuivans.
« Nombre xx à chacun desquels a esté livré vij
«   aulnes et demye dud. drapt revenans à sept
«   vingts dix aulnes vallant à raison de c^e l'aulne
«   lad. somme de   vij^c l l.
«   Trompettes, fiffres, tabourins et autres
«   joueurs d'instrumens dud. feu roy,
«   les drapts cy après déclarés revenans
«   à   ix^c iiij^{xx} viij l.
« . . . . . Nombre xxxviij à chacun desquels auroit
« esté fourny vj aulnes et demie de drapt reve-
« nans ensemble à deux cens quarante sept aulnes,
« vallans à raison de iiij l. l'aulne lad. somme
« de
«   Armeuriers et sommeliers d'armes du roy
«   pour les drapts à eux livrés revenans
«   à   ij^c viij l.
« 8 personnes ausquelles on a donné 6 aunes et
«   demie à chacun, 52 aunes, à 4^l l'aune = 208^l.

— 61 —

«   Gouverneurs et vallets des paiges les drapts
«   cy-après déclarés revenans à v^e xx l.

20 personnes auxquelles on a donné 6 aunes et demie = 130 aunes, à 4^l l'aune = 520^l.

«   Palfreniers ordinaires de l'escuirie pour les
«   drapts à eulx délivrés cy-après déclarés
«   revenans à   ixe x l.

35 personnes auxquelles ont été livrées 6 aunes et demie = 227 aunes et demie à 4^l l'aune = 910^l.

«   Vallets de lictière, coche du roy, mulletiers
«   et chartiers de lad. escuirie pour les
«   drapts à eux livrés cy-après déclarés,
«   revenans à   iij^c lxiiij l.

13 personnes à raison de 6 aunes et demie = 91 aunes à 4^l l'aune = 364.

«   Maréchaux de forge.   iij^c xij l.

12 à raison de 6 aunes et demie 78 aunes à 4^l l'aune = 312^l.

«   Valletz de pied couchés en l'état dud. feu
«   roy.   iiij^c xiiij l.

23 à raison de 4 aunes et demie = 103 aunes et demie à 4^l l'aune = 414^l.

«   Fourriers en lad. escuirie.   ix^{xx} l.

6 à raison de 7 aunes et demie = 45 aunes à 4^l l'aune = 180^l.

« Autres officiers couchés et employés en l'es-
« tat de l'escuirie servans en icelle pour
« les draps à eulx livrés revenans à la
« somme de   ix°xxiij L.
« Messire Nicolle Bullandre chappelain en lad.
« escuirie.
« Simon Benoist aiant la charge du cabinet d'ar-
« mes,
« Guillaume Haren joueur d'espée, Robert Mangot
« orfèvre.
« Gilles de Suramond et Jehan Cousin aussi or-
« fèvres.
« Cezar et Baptiste Gambre, Itallens ouvriers en
« ouvraiges de relief.
« Guillaume de la Bouge, Grégoire Coutant,
« Guillaume et Jehannot les
« De Fizacs et Hillaire Gatle selliers de lad. es-
« cuirie,
« Jehan de Bonnesse plumassier, Jehan Perrault,
« brodeur,
« Vallentin Suzanne barbier, Nicolas Abade do-
« reur,
« Jehan Belluceau dict de S. Pol, Clovis Vignon
« et Francois Bariteau, tailleurs.
« Jehan Claveau passementier, Jacques Vignicruot
« bossetier.

« Vincent Bernard, Jehan Nicard, Jehan Guespin
«   et Jehan Serisier esperonniers.
« François Davyau et Jehan Poullair chaussetiers.
« Michel Belon et Pierre Belon merciers,
« Guillaume de Moulins de S. Patrix, Jehan Bau-
«   lin cordonnyers.
« Hector de Sachy escrimeur, Christofle Ribauld
«   appothiquaires,
« Et Jehan d'Aresne cuysinier des paiges de feu
«   mons. d'Orléans.

35 à raison de 6 aunes et
    demie = 227 aunes et demie.
        13 aunes à 5^1 $\Big\} = 923^1$.
        214 aunes $^1/_2$ à 4^1

«   Aydes et autres officiers servans à penser
«   les chevaulx dud. s. et faisans services
«   en lad. escuirie qui ne sont couchés en
«   l'estat d'icelle pour les draps à eulx livrés
«   revenans à   viij^c vj L.
« et vingt cinq hommes aides de palfreniers qui
« ordinairement aydent et servent à penser et
« traicter les chevaulx dud. sire, a deux hommes
« cuysiniers servans à accoustrer le manger des
« paiges et lacquais, à Estienne Bezard pouvre
« homme, ancien ayde aveugle et estropiat, à
« Jehan du Blanchet précepteur des paiges de

« lad. escuirie, et à deux lavandiers qui servent à
« blanchir le linge desd. paiges et petits lacquais.
31 à raison de 6 aunes et demie = 201 aunes $^1/_2$
à 4^1 l'aune = 206^l.

«   Autres personnes artisans qui ne sont cou-
«   chés en l'estat, lesquels estoient près du
«   chariot sur lequel estoit porté le corps
«   dud. feu roy pour y faire service, pour
«   les draps à eux livrés revenants à la
«   somme de   vj^{xx} vj L.
« Francisque de Carpy menuysier du roy et à
«   deux hommes ses serviteurs qui estoient près
«   du chariot pour ayder à haulser et baisser le
«   corps dud. deffunct roy. . . . .
« Pierre Regnard bourrelier, Roch Desmarests
«   charron et Guillaume Erard serrurier qui
«   estoient aussi tenus d'estre près dud. cha-
«   riot.

3 à raison de 6 aunes et demie = 19 aunes et demie
3 à raison de 4 aunes
= 12 aunes
$\Big\}$ à 4^1 = 126^l.

Les paiges dud. feu roy. . . . . . pour les
drapts   xvj^e l. L.

110 pages à chacun 3 aunes iij gre = 412 aunes
et demie à 4^1 l'aune = 1650^l.

«   Officiers faisans ordinairement service aux
«   peiges..... pour drapts..... lxiiij L.
4 à raison de 4 aunes = 16 aunes à 4¹ l'aune = 64¹
«   Petitz laquais dud. feu roy qui ne sont
«   couchez en l'estat..... pour les drapts
«   et bougrans   iij° lxxvij¹· viijˢ.
« Brusquet..... Les deux Mores..... Le petit
«   More......
« Lespaignol.....
   33 dont 13 ont recu 3 aunes ³/₄ de drap pour
      robbes et chapperon
   104 aunes ¹/₂ de drap pour robbes ⎫
      chapperon et collets   ⎬ 4¹ l'aune.
                                   ⎭
      8 aunes de bougran pour doubler les col-
         lets de 5 lacquais à   6¹ l'aune.
            en tout 377¹ 7ˢ.
«   Receveurs, contrerolleur de lad. escuirie et
«   leurs commis pour les drapts. ij° lxxvj L.
   3 ont reçu 8 aunes ¹/₂ = 25 aunes à 7¹ l'aune ⎫ 277¹.
   4   5 aunes   = 20 aunes à 4¹ l'aune ⎭
«   Contrerolleurs, trésoriers et paieurs des
«   postes chevaucheurs d'escuirie et leurs
«   commis pour les drapts   iij^m ciiij^xx ij L.
   3 à 8 aulnes ¹/₂ = 25 aunes à 6¹ l'aune.
   2 à 6   ¹/₂ = 13 aunes à 5¹ l'aune.

114 à 6 ½ = 741 aunes à 4¹ l'aune.
779 aunes = 3182¹
« Maréchaux des logis de la maison dud.
« feu roy et fourriers de corps pour les
« drapts   iiij^c xx L.
8 à 7 aunes ½ = 60 à 7¹ l'aune = 420¹.
« Fourriers de la maison dud. feu roy pour
« les drapts   ix^c L.
24 à 7 aunes et ½ = 180 aunes à 5¹ l'aune = 900¹.
« Lieutenant de la porte et portiers ordinaires
« de la maison dud. feu sire roy, pour les
« drapts   ix^c xv L.

Pour le lieutenant à la garde de la porte ⎫
7 aunes ½   à 7¹ l'aune ⎬ 915¹.
23 portiers à 7 aulnes et demie à 5¹ l'aune ⎭

Toutes lesquelles parties cy-dessus spéciffiées et déclarées montent et reviennent ensemble à la susd. première somme de xxx^m clxij^L. xviij^s.

A Jehan Leclerc marchant demourant à Paris devant nommé la somme de trois cens quarante cinq livres, dix sols tournois pour son paiement de plusieurs parties de son estat qu'il a fournies aux tailleurs de lad. escuirie ainsi qu'il s'ensuit, c'est assavoir vj^xx xvij^L. x^s, pour deux cens vingt aulnes de futaine noire emploiée à faire pourpoincts aux cent dix paiges dud. feu roy qui sont cy-devant nommés qui est pour chacun deux aulnes; iiij^{xx} vj^{L} xij^s vj^d pour neuf vingts douze aulnes et demie de boucassin blanc pour doubler lesd. pourpoincts qui est pour chacun une aulne trois quars; lxij^{L} x^s pour cent aulnes de futayne noire pour faire pourpoincts à quarante lacquais dud. feu sire roy devant nommez, dont y en a vingt trois petits et dixsept grans qui sont couchez en l'estat qui est pour chacun deux aulnes et demye; xxxvj L. pour quatre vingts aulnes de boucassin blanc pour les doubler qui est deux aulnes pour chacun; xiij^{L} iiij^s pour seize aulnes et demye de treilleis d'Allemaigne noir emploié à faire unze pourpoincts à unze des petis lacquais courans incontinent après la mort dud. feu roy qui est pour chacun, une aulne et demye; et ix^{L} xviij^s pour vingt deux aulnes de boucassin blanc pour les doubler qui est pour chacun deux aunes à raison de xij^s vj^d l'aulne de futaine, xvj^s l'aulne de treilleis et ix^s l'aulne dud. boucassin. Cy pour lesd. parties ensemble, la somme de iij^c xlv^{L} x^s.

A Jehan Belluceau dict de St Pol tailleur devant

nommé la somme de quinze cens soixante trois livres dix sols tournois pour son paiement et façon de plusieurs parties de son mestier par luy faictes, fournies et livrées pour le faict desd. obsèques et funérailles, ainsi qu'il s'ensuit, assavoir, vij^{xx} x L. pour avoir taillé et cousu cent longues robbes, cent chapperons et cent sayes à manches de drapt noir pour servir à cent personnes de la garde Escossaise les sieurs de Lorge cappitaine, lieutenant, enseigne, trésorier et clerc du guet comprins devant specifficz; iiij^{xx} v$^{l.}$ x^{s} pour avoir aussi taillé et cousu cinquante sept robbes cinquante sept chapperons et cinquante sept saies pour cinquante sept archers de la garde dud. sire estans soubs la charge du sieur de Chavigny, sa personne et les trésoriers comprins; iiij^{xx} viij$^{l.}$ x^{s} pour avoir pareillement taillé et cousu cinquante neuf autres robbes, et chapperons et saies pour servir à cinquante neuf autres archers de la garde dud. sire dont a la charge le s. de la Ferté, sa personne, celle des trésoriers et du clerc du guet y comprins; iiij^{xx} xvj L. pour la façon de soixante quatre autres robbes, chapperons et sayes pour soixante quatre autres archers de la garde dud. sire, estans soubs la charge du s^{r} de Brezay, sa personne, celle des trésoriers, clerc du guet y comprins, xl^l. x^s pour sa façon d'avoir pareillement taillé et cousu vingt sept semblables robbes, chapperons et sayes à vingt sept autres archers de la garde dud. sire soubs la charge du sénéchal d'Agennois, luy les trésoriers et clerc du guet y comprins; vij^l. x^s pour sa façon d'avoir taillé cousu cinq longues robbes, chapperons et saies pour le s^r de Bouillon cappitaine des cent suisses de la garde, son lieutenant, enseigne, et aux deux trésoriers desd. cent suisses; vj^xx xv L. pour avoir taillé, cousu, doublé et découppé à la Suisse cent pourpoincts de drapt noir doublés de mesmes pour servir ausd. cent suisses, les noms desquels cappitaine, lieutenant, archers trésoriers et clerc du guet sont cy devant nommés, qui est à raison de xxx^s pour chacune robbe, chapperon et saye et de xxv^s chacun pourpoinct desd. suisses; iij^e xix^l. x^s pour avoir pareillement taillé et cousu deux cens treize longues robbes, deux cens treize chapperons et autant de saies de drapt noir pour servir à vingt deux escuiers et cavalcadours, vingt heraulx et poursuivans d'armes, quinze trompettes, vingt trois joueurs de fifres, tabourin et instrumens, huict armuriers, douze maréchaulx de forge, six fourriers, vingt gouverneurs de paiges, six vallets de lictière, h'uict chartiers et mulletiers, trente cinq palfreniers, vingt cinq aydes, deux cuysiniers, deux lavandiers, ung précepteur des paiges, ung pouvre ayde aveugle et estropiat, un bourelier, charron et serrurier et à quatre serviteurs des paiges devant nommez à raison de xxx⁵ pour façon de chacun acoustrument; iiij^L x^s pour trois robbes, chapperons et saies pour le menuysier et ses deux serviteurs aussi devant déclarez à lad. raison cydessus; xlviij L. pour sa façon d'avoir taillé et cousu trente deux robbes et autant de saies pour servir au chappelain des paiges, et à celluy qui a la charge du cabinet d'armes, à trois orfèvres, aux deux ouvriers besougnans de relief, cinq selliers, au brodeur, au barbier, au doreur, à trois tailleurs, au passementier, au bossetier, à quatre esperonniers, à deux chaussetiers, à deux merciers, à deux cordonniers, à l'escrimeur et à l'appothiquaire dessus déclarés à lad. raison de xxx⁵ pour chacun; ix livres pour sa façon d'avoir taillé et cousu six robbes, chapperons et saies pour les deux receveurs et contrerolleur et leur commis à la raison que dessus; cx L. pour avoir pareillement taillé et cousu cent dix longues robbes avec leurs chapperons pour les cent dix paiges dud. feu roy dont les noms sont cy devant déclarés, à raison de xx⁵ pour chacune robbe et chapperon ; pareille somme de cx L. pour avoir aussi taillé et cousu ausd. cent dix paiges cent dix pourpoincts de fustaine noire aiant fourny de tavenay pour les doubler qui est à raison de xx⁵ par façon et doublement de chacun desd. pourpoincts ; xlvj L. pour avoir semblablement taillé et cousu quarante six longues robbes et autant de chapperons pour les vingt trois grans lacquais couchés en l'estat et pour vingt trois petits devant nommés, qui est à raison de xx⁵ pour chacun ; xl L. pour avoir aussi taillé cousu et doublé de Tavenay quarante pourpoincts pour quarante desd. lacquais cy-devant nommés qui est pour chacun xx⁵ ; xj L. pour avoir pareillement taillé, cousu et doublé unze autres pourpoincts de treillis d'Allemaigne pour servir à unze desd. lacquais qui est pour la façon de chacun xx⁵ ; x L. pour avoir aussi taillé et cousu et doublé de tavenay dix collets de drapt noir doublés de treillis pour servir à dix desd. lacquais qui est à raison de xx⁵ pour chacun ; iiij^xx iiij L. pour son paiement et façon d'avoir pareillement taillé et cousu cinquante six robbes, chapperons et saies de la façon cy dessus déclarée pour les huict mareschaux des logis et fourriers du corps ; xxiiij fourriers de la maison du lieutenant de la porte et à vingt trois portiers ordinnaires devant nommés qui est à raison de xxx^s pour la façon des habillements de chacune personne; et viij^{xx} xviij$^{l.}$ x^s aussi pour sa façon d'avoir pareillement taillé et cousu cent dix neuf robbes, cent dix neuf chapperons et cent dix neuf saies à manches pour servir au controlleur des postes, et chevaucheurs, ses deux commis, les deux trésoriers et à cent quatorze chevaucheurs ordinaires devant déclarés qui est pour la façon de l'accoustrement de chacun, pareille somme de xxx sols. Cy pour toutes lesd. parties ensemble, lad. première somme de xv^c lxiij$^{l.}$ x^s.

A François Davyau chaussetier dud. sire, la somme de trois cens cinquante huict livres, quinze sols tournois pour son paiement et façon de ce qui s'ensuit. C'est assavoir, viij^{xx} xlviij$^{l.}$ xv^s pour soixante cinq paires de chausses de drap noir doublés de mesmes qu'il a fournies et livrés à soixante cinq des paiges dud. sire du nombre des cent dix qui sont cy devant nommez à raison de lvs la paire; viij^{xx} xv L. pour trente cinq autres paires de chausses de drapt noir boullonnées de crespe qu'il a pareillement fournies et livrées à dixsept des grans lacquais dud. sire et à dix huict des petits du nombre de ceulx qui sont cy devant nommés qui est à raison de cˢ la paire; et cˢ pour cent douzaines d'esguillettes de fil noir qu'il a fournies et livrées avec lesd. chausses à raison de xij^d la douzaine; cy pour toutes lesd. parties ensemble lad. première somme de iij^c lviij^L xv^s.

A Jehan Paullair aussi chaussetier la somme de sept vingts sept livres dix huict sols tournois pour son paiement de plusieurs autres parties de son mestier aussi par luy faictes, fournies et livrés pour le faict desd. obsèques durant ce présent mois d'aoust ainsi qu'il s'ensuit. C'est assavoir, cxv^L x^s pour quarante deux paires de chausses pareilles les susd. qu'il a pareillement fournies et livrées à quarante deux des paiges dud. sire du nombre des cent dix qui sont cy devant nommés qui est à raison de lv^s chacune paire; xxx L. pour six autres paires de chausses de drapt noir qu'il a boullonnées de crespe, fournies à six des petits lacquais dud. sire du nombre des vingt trois qui sont cy devant nommés, qui est à raison de c^s la paire; et xlviij^s pour quarante huict douzaines d'esguillettes qu'il a fournies et livrées avec lesd. chausses ausd. paiges et lacquais et ce à raison

de xij^d la douzaine. Cy lad. première somme
de vij^{xx} vij$^{L.}$ xxiij^s.

A Michel Belon mercier fournissant l'escuirie dud. sire la somme de onze cens vingt livres dix sols tournois pour son paiement de plusieurs parties de son mestier par luy fournies pour le faict des obsèques et funérailles dud. feu roy ainsi qu'il s'ensuit. C'est assavoir vj^c lxxij L. pour huict cens quatre vingts seize bonnets de deueil qu'il a livrez à huict cens quatre vingts dix personnes du nombre de ceulx qui sont cy devant nommés en l'article des marchans qui ont fourny les drapts de layne qui est à raison de xv^s pour chacun; vij^{xx} xix L. pour cent six autres bonnets de fine layne livrés aux cent suisses, cappitaine, lieutenant, enseigne, les deux trésoriers et clerc du guet à raison de xxx^s pièce; ij^c xx L. pour cent dix chappeaux de feultre noirs et cent dix scainctures à espée livré letout ausd. cent dix paiges qui sont cy devant nommés, à raison de xx^s le chappeau et xx^s la scaincture; xj L. pour unze bonnets de fine laine noire qu'il a fournis à unze desd. paiges à lad. raison de xx^s pièce; xlvj L. pour quarante six ceinctures livrées aux quarante six lacquais qui sont cy devant nommés, qui est à raison de xx^s la pièce ; et xij^L x^s pour dix bonnets de fine laine noire garnis de crespe livrés à dix desd. lacquais servans à courir devant le roy à raison de xxv^s pour chacun. Cy pour toutes lesd. parties ensemble lad. somme de   xj^c xx^L x^s.

A Sanson de Saccarlarre contrerolleur de lad. escuirie la somme de cinq cens livres tournois à luy ordonnée pour ses peines, sallaire et vaccacions d'avoir faict et tenu le contrerolle de toutes et chacunes les despences cydessus speciffiées et déclarées, en quoy faisant il a continuellement vacqué en grand soing, peine et vigilance depuis le dernier jour de juing jusques au seiziesme jour d'Aoust que led. deffunct roy enterré ; et encores depuis à dresser les parties des marchans fournissans, en ce comprins les sallaires et vaccacions de deux hommes ses commis qui ont ordinairement durant led. temps besongné et travaillé à faire depescher, solliciter et diligenter les capparasons, harnois des vingt chevaulx, bannières, escussons et fleurs de lis de broderie et habillemens cy-devant déclarés, tant pour les archers et suisses de la garde, maréchaux des logis fourriers, portiers de la maison du feu roy, paiges, lacquais et autres officiers de lad. escuirie, comme il est déclaré en ce présent roolle. Pour ce, la somme de   v^c L.

Somme de ce chapitre xxxiiij^m ciiij^{xx} xix^L I^s t.

Somme totale de la despence contenue en ce présent roolle quarante trois mil cent soixante trois livres dix neuf sols six deniers tournois.

Nous Claude Gouffier seigneur de Boissy chevalier de l'ordre, cappitaine de cent gentishommes de la maison du roy et grand escuier de France, certiffions à messieurs les gens des comptes dud. sire à Paris et à tous autres qu'il appartiendra, que nous avons commandé et ordonné à Mre Alain Veau notaire et secrétaire d'icelluy seigneur receveur et paieur du faict et despence de son escuirie, et par luy verballement commis à tenir le compte et faire le paiement des fraiz et despences qui seroient par nous ordonnées pour le faict des obsèques et pompes funèbres du feu roy Henri deuxième de ce nom, que Dieu absolve, paier, bailler et délivrer toutes et chacunes les parties et sommes de deniers spéciffiées et déclarées en ce présent roolle et contenant vingt quatre feuillets de parchemins escripts cestuy comprins, montans revenans ensemble à la somme de quarante trois mil cent soixante trois livres dix neufs sols six deniers tournois aux personnes dénommées en iceluy pour leur paiement tant des draps de soie que de layne et autres choses par eulx faictes fournies et livrées pour le faict desd. obsèques et pompes funèbres selon et ainsi qu'il est désigné et déclaré par le menu en chacun article de ced. présent roolle, lequel en tesmoing de ce nous avons signé de nostre main et faict sceller du scel de nos armes, le dixiesme jour de septembre l'an mil cinq cens cinquante neuf.

(Signé) Claude GOUFFYER.

(Suit une attestation par Sanson de Sacarlarre, contrerolleur de l'escuirie du Roy, certifiant qu'il a arresté et controllé ledit rolle montant à 43163^L 19^s 6^d.

Le 10 septembre 1559.

Signé Sanson de Sacarlarre.)

M^s. n° 2995 de J. Th. Philipps, provenant de Monteil qui l'a vendu 200 fr.

25. fol. en parchemin. rel. en mar. noir, pet. fers argentés.

FIN

Tours. — Impr. Mame.

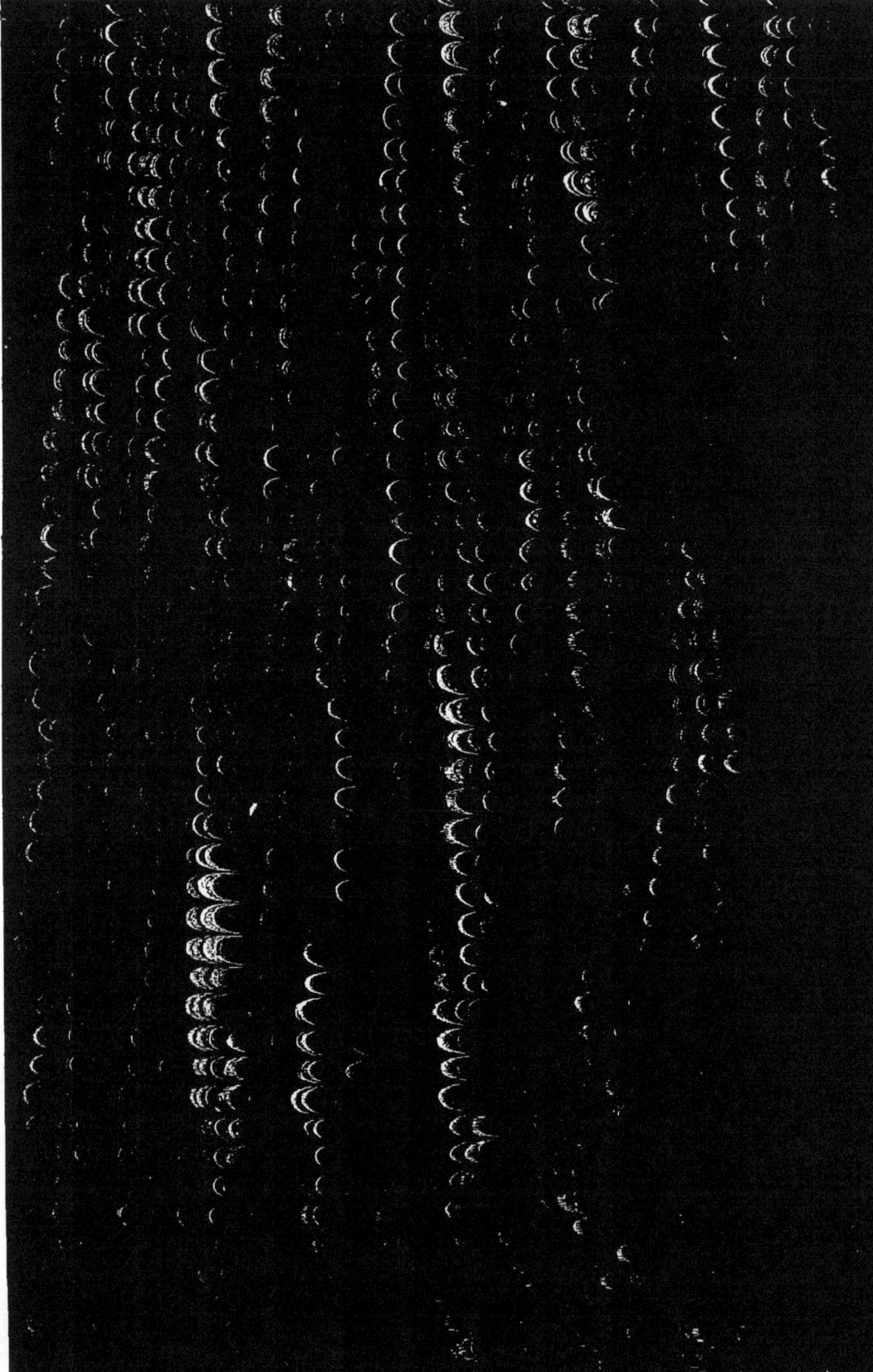

www.ingramcontent.com/pod-product-compliance
Lightning Source LLC
LaVergne TN
LVHW050634090426
835512LV00007B/848